화엄경 제59권 (이세간품 38-7) 해설

여기서는 앞에 이어 示現處胎十種事를 중심으로 모태중 10종 미세취, 이로 인하여 장차 미소심 · 주행칠보 · 동자지 · 출가 · 왕례도량 · 도량10사 · 기특사 · 여래력 · 전법륜의 사건이 생기는데, 이 사실을 다 마치신 뒤 보현보살이 게송을 읊는다.

이것으로서 이세간품의 법문이 모두 끝나 제2편 보살성불론이 종료된 것이다. 다음은 입법계품(선재구법의 역정)에 들어간다.

JN339554

離世間品第三十八之七
이세간품제삼십팔지칠

佛子菩薩摩訶薩示現處
불자보살마하살시현처

胎有十種事何等爲十佛子
태유십종사하등위십불자

菩薩摩訶薩爲欲成就小心
보살마하살위욕성취소심

劣解諸衆生故不欲令彼起
열해제중생고불욕령피기

如是念今此菩薩自然化生
여시념금차보살자연화생

智慧善根不從修得是故菩
지혜선근부종수득시고보

薩示現處胎是爲第一事菩
薩摩訶薩爲成熟父母及諸
眷屬宿世同行衆生善根示
現處胎何以故彼皆應以見
於處胎成熟所有諸善根故
是爲第二事菩薩摩訶薩入
母胎時正念正知無有迷惑

辯 변	邊 변	集 집	界 계	在 재	亂 란	住 주
才 재	智 지	會 회	諸 제	母 모	是 시	母 모
勝 승	慧 혜	悉 실	大 대	胎 태	爲 위	胎 태
用 용	菩 보	令 령	菩 보	中 중	第 제	已 이
是 시	薩 살	獲 획	薩 살	常 상	三 삼	心 심
爲 위	處 처	得 득	釋 석	演 연	事 사	恒 항
第 제	胎 태	無 무	梵 범	說 설	菩 보	正 정
四 사	成 성	量 량	四 사	法 법	薩 살	念 념
事 사	就 취	神 신	王 왕	十 시	摩 마	亦 역
菩 보	如 여	力 력	皆 개	方 방	訶 하	無 무
薩 살	是 시	無 무	來 래	世 세	薩 살	錯 착

胎 태	爲 위	受 수	於 어	衆 중	以 이	摩 마
中 중	第 제	生 생	人 인	是 시	本 본	訶 하
三 삼	六 육	以 이	中 중	爲 위	願 원	薩 살
千 천	事 사	此 차	成 성	第 제	力 력	在 재
大 대	菩 보	示 시	佛 불	五 오	教 교	母 모
天 천	薩 살	現 현	應 응	事 사	化 화	胎 태
世 세	摩 마	處 처	具 구	菩 보	一 일	中 중
界 계	訶 하	於 어	人 인	薩 살	切 체	集 집
衆 중	薩 살	母 모	間 간	摩 마	諸 제	大 대
生 생	在 재	胎 태	最 최	訶 하	菩 보	衆 중
悉 실	母 모	是 시	勝 승	薩 살	薩 살	會 회

見菩薩如明鏡中見其面像
견보살여명경중견기면상

爾時大心天龍夜叉乾闥婆
이시대심천룡야차건달바

阿脩羅迦樓羅緊那羅摩睺
아수라가루라긴나라마후

羅伽人非人等皆詣菩薩恭
라가인비인등개예보살공

敬供養是爲第七事菩薩摩
경공양시위제칠사보살마

訶薩在母胎中他方世界一
하살재모태중타방세계일

切最後生菩薩在母胎者皆
체최후생보살재모태자개

사경의 공덕은 십만억 부처님께 공양한 것과 같은 공덕이 있습니다.

來(래) 共(공) 會(회) 說(설) 大(대) 集(집) 法(법) 門(문) 名(명) 廣(광) 大(대)

智(지) 慧(혜) 藏(장) 是(시) 爲(위) 第(제) 八(팔) 事(사) 菩(보) 薩(살) 摩(마)

訶(하) 薩(살) 在(재) 母(모) 胎(태) 時(시) 入(입) 離(이) 垢(구) 藏(장) 三(삼)

昧(매) 以(이) 三(삼) 昧(매) 力(력) 於(어) 母(모) 胎(태) 中(중) 現(현) 大(대)

宮(궁) 殿(전) 種(종) 種(종) 嚴(엄) 飾(식) 悉(실) 皆(개) 妙(묘) 好(호) 兜(도)

率(솔) 天(천) 宮(궁) 不(불) 可(가) 爲(위) 比(비) 而(이) 令(령) 母(모) 身(신)

安(안) 隱(은) 無(무) 患(환) 是(시) 爲(위) 第(제) 九(구) 事(사) 菩(보) 薩(살)

摩訶薩住母胎時以大威力
마하살주모태시이대위력

興供養具名開大福德離垢
흥공양구명개대복덕이구

藏普徧十方一切世界供養
장보편시방일체세계공양

一切諸佛如來彼諸如來咸
일체제불여래피제여래함

爲演說無邊菩薩住處法界
위연설무변보살주처법계

藏是爲第十事
장시위제십사

佛子是爲菩薩摩訶薩示
불자시위보살마하살시

現(현)處(처)胎(태)十(십)種(종)事(사)若(약)諸(제)菩(보)薩(살)了(요)
達(달)此(차)法(법)則(즉)能(능)示(시)現(현)甚(심)微(미)細(세)趣(취)
佛(불)子(자)菩(보)薩(살)摩(마)訶(하)薩(살)有(유)十(십)種(종)甚(심)
微(미)細(세)趣(취)何(하)等(등)爲(위)十(십)所(소)謂(위)在(재)母(모)
胎(태)中(중)示(시)現(현)初(초)發(발)菩(보)提(제)心(심)乃(내)至(지)
灌(관)頂(정)地(지)在(재)母(모)胎(태)中(중)示(시)現(현)住(주)兜(도)
率(솔)天(천)在(재)母(모)胎(태)中(중)示(시)現(현)初(초)生(생)在(재)

母胎中示現童子地在母胎
모태중시현동자지재모태

中示現處王宮在母胎中示
중시현처왕궁재모태중시

現出家在母胎中示現苦行
현출가재모태중시현고행

往詣道場成等正覺在母胎
왕예도장성등정각재모태

中示現轉法輪在母胎中示
중시현전법륜재모태중시

現般涅槃在母胎中示現大
현반열반재모태중시현대

微細謂一切菩薩行一切如
미세위일체보살행일체여

來自在神力無量差別門 (래자재신력무량차별문)
佛子是爲菩薩摩訶薩在 (불자시위보살마하살재)
母胎中十種微細趣若諸菩 (모태중십종미세취약제보)
薩安住此法則得如來無上 (살안주차법즉득여래무상)
大智慧微細趣佛子菩薩摩 (대지혜미세취불자보살마)
訶薩有十種生何等爲十所 (하살유십종생하등위십소)
謂遠離愚癡正念正知生放 (위원리우치정념정지생방)

사경의 공덕은 십만억 부처님께 공양한 것과 같은 공덕이 있습니다.

大 대	明 명	一 일	生 생	生 생	界 계	大 대
智 지	普 보	切 체	於 어	不 불	生 생	光 광
觀 관	覺 각	智 지	十 십	生 생	住 주	明 명
察 찰	悟 오	智 지	方 방	不 불	最 최	網 망
三 삼	一 일	身 신	世 세	起 기	後 후	普 보
昧 매	切 체	生 생	界 계	生 생	有 유	照 조
身 신	衆 중	放 방	普 보	知 지	更 갱	三 삼
生 생	生 생	一 일	現 현	三 삼	不 불	千 천
佛 불	身 신	切 체	身 신	界 계	受 수	大 대
子 자	生 생	佛 불	生 생	如 여	後 후	天 천
菩 보	入 입	光 광	證 증	幻 환	身 신	世 세

薩生時震動一切佛刹解脫
살생시진동일체불찰해탈

一切衆生除滅一切惡道映
일체중생제멸일체악도영

蔽一切諸魔無量菩薩皆來
폐일체제마무량보살개래

集會佛子是爲菩薩摩訶薩
집회불자시위보살마하살

十種生爲調伏衆生故如是
십종생위조복중생고여시

示現
시현

佛子菩薩摩訶薩以十事
불자보살마하살이십사

慧 혜	煩 번	笑 소	無 무	切 체	十 십	故 고
如 여	惱 뇌	心 심	能 능	世 세	所 소	示 시
是 시	所 소	自 자	勉 면	間 간	謂 위	現 현
知 지	盲 맹	誓 서	濟 제	沒 몰	菩 보	微 미
已 사	惟 유	復 부	如 여	在 재	薩 살	笑 소
熙 희	我 아	念 념	是 시	欲 욕	摩 마	心 심
怡 이	今 금	言 언	知 지	泥 니	訶 하	自 자
微 미	者 자	一 일	已 이	除 제	薩 살	誓 서
笑 소	具 구	切 체	熙 희	我 아	念 념	何 하
心 심	足 족	世 세	怡 이	一 일	言 언	等 등
自 자	智 지	間 간	微 미	人 인	一 일	爲 위

誓(서) 又(우) 念(념) 言(언) 我(아) 今(금) 因(인) 此(차) 假(가) 名(명) 身(신)
故(고) 當(당) 得(득) 如(여) 來(래) 充(충) 滿(만) 三(삼) 世(세) 無(무) 上(상)
法(법) 身(신) 如(여) 是(시) 知(지) 已(이) 熙(희) 怡(이) 微(미) 笑(소) 心(심)
自(자) 誓(서) 菩(보) 薩(살) 爾(이) 時(시) 以(이) 無(무) 障(장) 礙(애) 眼(안)
徧(변) 觀(관) 十(시) 方(방) 所(소) 有(유) 梵(범) 天(천) 乃(내) 至(지) 一(일)
切(체) 大(대) 自(자) 在(재) 天(천) 作(작) 是(시) 念(념) 言(언) 此(차) 等(등)
衆(중) 生(생) 皆(개) 自(자) 謂(위) 爲(위) 有(유) 大(대) 智(지) 力(력) 如(여)

是(시) 知(지) 已(이) 熙(희) 怡(이) 微(미) 笑(소) 心(심) 自(자) 誓(서) 菩(보)
薩(살) 爾(이) 時(시) 觀(관) 諸(제) 衆(중) 生(생) 久(구) 種(종) 善(선) 根(근)
今(금) 皆(개) 退(퇴) 沒(몰) 如(여) 是(시) 知(지) 已(이) 熙(희) 怡(이) 微(미)
笑(소) 心(심) 自(자) 誓(서) 菩(보) 薩(살) 觀(관) 見(견) 世(세) 間(간) 種(종)
子(자) 所(소) 種(종) 雖(수) 少(소) 獲(획) 果(과) 甚(심) 多(다) 如(여) 是(시)
知(지) 已(이) 熙(희) 怡(이) 微(미) 笑(소) 心(심) 自(자) 誓(서) 菩(보) 薩(살)
觀(관) 見(견) 一(일) 切(체) 衆(중) 生(생) 蒙(몽) 佛(불) 所(소) 教(교) 必(필)

今 금	世 세	微 미	法 법	同 동	心 심	得 득
猶 유	中 중	笑 소	廣 광	行 행	自 자	利 이
在 재	共 공	心 심	大 대	菩 보	誓 서	益 익
凡 범	同 동	自 자	功 공	薩 살	菩 보	如 여
夫 부	集 집	誓 서	德 덕	染 염	薩 살	是 시
之 지	會 회	菩 보	如 여	著 착	觀 관	知 지
地 지	諸 제	薩 살	是 시	餘 여	見 견	已 이
不 불	天 천	觀 관	知 지	事 사	過 과	熙 희
能 능	人 인	見 견	已 이	不 부	去 거	怡 이
捨 사	等 등	過 과	熙 희	得 득	世 세	微 미
離 리	至 지	去 거	怡 이	佛 불	中 중	笑 소

사경의 공덕은 십만억 부처님께 공양한 것과 같은 공덕이 있습니다.

亦不疲厭如是知已熙怡微
역불피염여시지이희이미

笑心自誓菩薩爾時爲一切
소심자서보살이시위일체

如來光明所觸倍加欣慰熙
여래광명소촉배가흔위희

怡微笑心自誓是爲十佛子
이미소심자서시위십불자

菩薩爲調伏衆生故如是示
보살위조복중생고여시시

現
현

佛子菩薩摩訶薩以十事
불자보살마하살이십사

故示行七步何等爲十所謂
現菩薩力故示行七步現施
七財故示行七步滿地神願
故示行七步現超三界相故
示行七步現菩薩最勝行超
過象王牛王師子王行故示
行七步現金剛地相故示行

七(칠)步(보)現(현)欲(욕)與(여)衆(중)生(생)勇(용)猛(맹)力(력)故(고)
示(시)行(행)七(칠)步(보)現(현)修(수)行(행)七(칠)覺(각)寶(보)故(고)
示(시)行(행)七(칠)步(보)現(현)所(소)得(득)法(법)不(불)由(유)他(타)
教(교)故(고)示(시)行(행)七(칠)步(보)現(현)於(어)世(세)間(간)最(최)
勝(승)無(무)比(비)故(고)示(시)行(행)七(칠)步(보)是(시)爲(위)十(십)
佛(불)子(자)菩(보)薩(살)爲(위)調(조)伏(복)衆(중)生(생)故(고)如(여)
是(시)示(시)現(현)

佛子菩薩摩訶薩以十事 (불자보살마하살이십사)
故現處童子地何等爲十所 (고현처동자지하등위십소)
謂爲現通達一切世間文字 (위위현통달일체세간문자)
算計圖書印璽種種業故處 (산계도서인새종종업고처)
童子地爲現通達一切世間 (동자지위현통달일체세간)
象馬車乘弧矢劍戟種種業 (상마거승호시검극종종업)
故處童子地爲現通達一切 (고처동자지위현통달일체)

世(세)間(간)文(문)筆(필)談(담)論(논)博(박)奕(혁)嬉(희)戲(희)種(종)
種(종)事(사)故(고)處(처)童(동)子(자)地(지)爲(위)現(현)遠(원)離(리)
身(신)語(어)業(업)諸(제)過(과)失(실)故(고)處(처)童(동)子(자)地(지)
爲(위)現(현)入(입)定(정)住(주)涅(열)槃(반)門(문)周(주)徧(변)十(시)
方(방)無(무)量(량)世(세)界(계)故(고)處(처)童(동)子(자)地(지)爲(위)
現(현)其(기)力(력)超(초)過(과)一(일)切(체)天(천)龍(룡)夜(야)叉(차)
乾(건)闥(달)婆(바)阿(아)脩(수)羅(라)迦(가)樓(루)羅(라)緊(긴)那(나)

羅摩睺羅伽釋梵護世人非
라마후라가석범호세인비

人等故處童子地爲現菩薩
인등고처동자지위현보살

色相威光超過一切釋梵護
색상위광초과일체석범호

世故處童子地爲令耽著欲
세고처동자지위령탐저욕

樂衆生歡喜樂法故處童子
락중생환희락법고처동자

地爲尊重正法勤供養佛周
지위존중정법근공양불주

徧十方一切世界處童子地
변십방일체세계처동자지

善 선	熟 숙	爲 위	故 고	摩 마	處 처	爲 위
根 근	故 고	令 령	現 현	訶 하	童 동	現 현
力 력	現 현	宿 숙	處 처	薩 살	子 자	得 득
故 고	處 처	世 세	王 왕	現 현	地 지	佛 불
現 현	王 왕	同 동	宮 궁	童 동	是 시	加 가
處 처	宮 궁	行 행	何 하	子 자	爲 위	被 피
王 왕	爲 위	衆 중	等 등	地 지	十 십	蒙 몽
宮 궁	顯 현	生 생	爲 위	已 이	佛 불	法 법
爲 위	示 시	善 선	十 십	以 이	子 자	光 광
諸 제	菩 보	根 근	所 소	十 십	菩 보	明 명
人 인	薩 살	成 성	謂 위	事 사	薩 살	故 고

天耽著樂具示現菩薩大威
천탐착락구시현보살대위

德樂具故現處王宮順五濁
덕락구고현처왕궁순오탁

世衆生心故現處王宮爲現
세중생심고현처왕궁위현

菩薩大威德力能於深宮入
보살대위덕력능어심궁입

三昧故現處王宮爲令宿世
삼매고현처왕궁위령숙세

同願衆生現其意故現處王
동원중생현기의고현처왕

宮欲令父母親戚眷屬滿所
궁욕령부모친척권속만소

十 십	護 호	示 시	三 삼	現 현	妙 묘	願 원
最 최	諸 제	現 현	昧 매	處 처	法 법	故 고
後 후	佛 불	故 고	始 시	王 왕	音 음	現 현
身 신	法 법	現 현	從 종	宮 궁	供 공	處 처
菩 보	故 고	處 처	成 성	欲 욕	養 양	王 왕
薩 살	現 현	王 왕	佛 불	於 어	一 일	宮 궁
如 여	處 처	宮 궁	乃 내	宮 궁	切 체	欲 욕
是 시	王 왕	爲 위	至 지	內 내	諸 제	以 이
示 시	宮 궁	隨 수	涅 열	住 주	如 여	妓 기
現 현	是 시	順 순	槃 반	微 미	來 래	樂 악
處 처	爲 위	守 수	皆 개	妙 묘	故 고	出 출

王宮已然後出家
왕궁이연후출가

佛子菩薩摩訶薩以十事
불자보살마하살이십사

故示現出家何等爲十所謂
고시현출가하등위십소위

爲厭居家故示現出家爲著
위염거가고시현출가위착

家衆生令捨離故示現出家
가중생령사리고시현출가

爲隨順信樂聖人道故示現
위수순신락성인도고시현

出家爲宣揚讚歎出家功德
출가위선양찬탄출가공덕

故示現出家爲顯永離二邊
고시현출가위현영리이변

見故示現出家爲令衆生離
견고시현출가위령중생이

欲樂我樂故示現出家爲先
욕락아락고시현출가위선

現出三界相故示現出家爲
현출삼계상고시현출가위

現自在不屬他故示現出家
현자재불속타고시현출가

爲顯當得如來十力無畏法
위현당득여래십력무외법

故示現出家最後菩薩法應
고시현출가최후보살법응

爾이 故고 示시 現현 出출 家가 是시 爲위 十십 菩보 薩살

以이 此차 調조 伏복 衆중 生생 佛불 子자 菩보 薩살 摩마

訶하 薩살 爲위 十십 種종 事사 故고 示시 行행 苦고 行행

何하 等등 爲위 十십 所소 謂위 爲위 成성 就취 劣열 解해

衆중 生생 故고 示시 行행 苦고 行행 爲위 拔발 邪사 見견

衆중 生생 故고 示시 行행 苦고 行행 爲위 不불 信신 業업

報보 衆중 生생 故고 令령 見견 業업 報보 故고 示시 行행 苦고

行(행)爲(위)隨(수)順(순)雜(잡)染(염)世(세)界(계)法(법)應(응)爾(이)

故(고)示(시)行(행)苦(고)行(행)示(시)能(능)忍(인)劬(구)勞(로)勤(근)

修(수)道(도)故(고)示(시)行(행)苦(고)行(행)爲(위)令(령)衆(중)生(생)

樂(락)求(구)法(법)故(고)示(시)行(행)苦(고)行(행)爲(위)著(착)欲(욕)

樂(락)我(아)樂(락)衆(중)生(생)故(고)示(시)苦(고)行(행)苦(고)爲(위)

顯(현)菩(보)薩(살)起(기)行(행)殊(수)勝(승)乃(내)至(지)最(최)後(후)

生(생)猶(유)不(불)捨(사)勤(근)精(정)進(진)故(고)示(시)行(행)苦(고)

行(행)爲(위)令(령)衆(중)生(생)樂(락)寂(적)靜(정)法(법)增(증)長(장)
善(선)根(근)故(고)示(시)行(행)苦(고)行(행)爲(위)諸(제)天(천)世(세)
人(인)諸(제)根(근)未(미)熟(숙)待(대)時(시)成(성)熟(숙)故(고)示(시)
行(행)苦(고)行(행)是(시)爲(위)十(십)菩(보)薩(살)以(이)此(차)方(방)
便(편)調(조)伏(복)一(일)切(체)衆(중)生(생)
佛(불)子(자)菩(보)薩(살)摩(마)訶(하)薩(살)往(왕)詣(예)道(도)
場(량)有(유)十(십)種(종)事(사)何(하)等(등)爲(위)十(십)所(소)謂(위)

詣(예) 道(도) 場(량) 時(시) 照(조) 耀(요) 一(일) 切(체) 世(세) 界(계) 詣(예)

道(도) 場(량) 時(시) 震(진) 動(동) 一(일) 切(체) 世(세) 界(계) 詣(예) 道(도)

場(량) 時(시) 於(어) 一(일) 切(체) 世(세) 界(계) 普(보) 現(현) 其(기) 身(신)

詣(예) 道(도) 場(량) 時(시) 覺(각) 悟(오) 一(일) 切(체) 菩(보) 薩(살) 及(급)

一(일) 切(체) 宿(숙) 世(세) 同(동) 行(행) 衆(중) 生(생) 詣(예) 道(도) 場(량)

時(시) 示(시) 現(현) 道(도) 場(량) 一(일) 切(체) 莊(장) 嚴(엄) 詣(예) 道(도)

場(량) 時(시) 隨(수) 諸(제) 衆(중) 生(생) 心(심) 之(지) 所(소) 欲(욕) 而(이)

爲(위) 現(현) 身(신) 種(종) 種(종) 威(위) 儀(의) 及(급) 菩(보) 提(리) 樹(수)
一(일) 切(체) 莊(장) 嚴(엄) 詣(예) 道(도) 場(량) 時(시) 現(현) 見(견) 十(십)
方(방) 一(일) 切(체) 如(여) 來(래) 詣(예) 道(도) 場(량) 時(시) 擧(거) 足(족)
下(하) 足(족) 常(상) 入(입) 三(삼) 昧(매) 念(념) 念(념) 成(성) 佛(불) 無(무)
有(유) 超(초) 隔(격) 詣(예) 道(도) 場(량) 時(시) 一(일) 切(체) 天(천) 龍(룡)
夜(야) 叉(차) 乾(건) 闥(달) 婆(바) 阿(아) 脩(수) 羅(라) 迦(가) 樓(루) 羅(라)
緊(긴) 那(나) 羅(라) 摩(마) 睺(후) 羅(라) 伽(가) 釋(석) 梵(범) 護(호) 世(세)

一(일)切(체)諸(제)王(왕)各(각)不(불)相(상)知(지)而(이)興(흥)種(종)
種(종)上(상)妙(묘)供(공)養(양)詣(예)道(도)場(량)時(시)而(이)無(무)
礙(애)智(지)普(보)觀(관)一(일)切(체)諸(제)佛(불)如(여)來(래)於(어)
一(일)切(체)世(세)界(계)修(수)菩(보)薩(살)行(행)而(이)成(성)正(정)
覺(각)是(시)爲(위)十(십)菩(보)薩(살)以(이)此(차)教(교)化(화)衆(중)
生(생)

佛(불)子(자)菩(보)薩(살)摩(마)訶(하)薩(살)坐(좌)道(도)場(량)

時有十種事何等爲十所謂
시유십종사하등위십소위

坐道場時種種震動一切世
좌도량시종종진동일체세

界坐道場時平等照耀一切
계좌도량시평등조요일체

世界坐道場時除滅一切諸
세계좌도량시제멸일체제

惡趣苦坐道場時令一切世
악취고좌도량시령일체세

界金剛所成坐道場時普觀
계금강소성좌도량시보관

一切諸佛如來師子之座坐
일체제불여래사자지좌좌

道場時心如虛空無所分別
도량시심여허공무소분별

坐道場時隨其所應現身威
좌도량시수기소응현신위

儀坐道場時隨順安住金剛
의좌도량시수순안주금강

三昧坐道場時受一切如來
삼매좌도량시수일체여래

神力所持淸淨妙處坐道場
신력소지청정묘처좌도량

時自善根力悉能加被一切
시자선근력실능가피일체

衆生是爲十
중생시위십

第 제	言 언	皆 개	道 도	等 등	時 시	
一 일	善 선	現 현	場 량	爲 위	有 유	佛 불
未 미	哉 재	其 기	時 시	十 십	十 십	子 자
曾 증	善 선	前 전	十 십	佛 불	種 종	菩 보
有 유	哉 재	咸 함	方 방	子 자	奇 기	薩 살
事 사	無 무	擧 거	世 세	菩 보	特 특	摩 마
菩 보	上 상	右 우	界 계	薩 살	未 미	訶 하
薩 살	導 도	手 수	一 일	摩 마	曾 증	薩 살
摩 마	師 사	而 이	切 체	訶 하	有 유	坐 좌
訶 하	是 시	稱 칭	如 여	薩 살	事 사	道 도
薩 살	爲 위	讚 찬	來 래	坐 좌	何 하	場 량

坐道場時一切如來皆悉護 (좌도량시일체여래개실호)

念與其威力是爲第二未曾 (념여기위력시위제이미증)

有事菩薩摩訶薩坐道場時 (유사보살마하살좌도량시)

宿世同行諸菩薩衆悉來圍 (숙세동행제보살중실래위)

繞以種種莊嚴具恭敬供養 (요이종종장엄구공경공양)

是爲第三未曾有事菩薩摩 (시위제삼미증유사보살마)

訶薩坐道場時一切世界草 (하살좌도량시일체세계초)

木(목) 叢(총) 林(림) 諸(제) 無(무) 情(정) 物(물) 皆(개) 曲(곡) 身(신) 低(저)
影(영) 歸(귀) 向(향) 道(도) 場(량) 是(시) 爲(위) 第(제) 四(사) 未(미) 曾(증)
有(유) 事(사) 菩(보) 薩(살) 摩(마) 訶(하) 薩(살) 坐(좌) 道(도) 場(량) 時(시)
入(입) 三(삼) 昧(매) 名(명) 觀(관) 察(찰) 法(법) 界(계) 此(차) 三(삼) 昧(매)
力(력) 能(능) 令(령) 菩(보) 薩(살) 一(일) 切(체) 諸(제) 行(행) 悉(실) 得(득)
圓(원) 滿(만) 是(시) 爲(위) 第(제) 五(오) 未(미) 曾(증) 有(유) 事(사) 菩(보)
薩(살) 摩(마) 訶(하) 薩(살) 坐(좌) 道(도) 場(량) 時(시) 得(득) 陀(다) 羅(라)

薩 살	諸 제	上 상	訶 하	是 시	受 수	尼 니
摩 마	佛 불	妙 묘	薩 살	爲 위	一 일	名 명
訶 하	是 시	供 공	坐 좌	第 제	切 체	最 최
薩 살	爲 위	具 구	道 도	六 육	諸 제	上 상
坐 좌	第 제	徧 변	場 량	未 미	佛 불	離 이
道 도	七 칠	一 일	時 시	曾 증	如 여	垢 구
場 량	未 미	切 체	以 이	有 유	來 래	妙 묘
時 시	曾 증	世 세	威 위	事 사	大 대	光 광
住 주	有 유	界 계	德 덕	菩 보	雲 운	海 해
最 최	事 사	供 공	力 력	薩 살	法 법	藏 장
勝 승	菩 보	養 양	興 흥	摩 마	雨 우	能 능

사경의 공덕은 십만억 부처님께 공양한 것과 같은 공덕이 있습니다.

智지 悉실 現현 了요 知지 一일 切체 衆중 生생 諸제 根근

意의 行행 是시 爲위 第제 八팔 未미 曾증 有유 事사 菩보

薩살 摩마 訶하 薩살 坐좌 道도 場량 時시 入입 三삼 昧매

名명 善선 覺각 此차 三삼 昧매 力력 能능 令령 其기 身신

充충 滿만 三삼 世세 盡진 虛허 空공 界계 一일 切체 世세

界계 是시 爲위 第제 九구 未미 曾증 有유 事사 菩보 薩살

摩마 訶하 薩살 坐좌 道도 場량 時시 得득 離이 垢구 光광

名無礙大智令其身業普入
(명무애대지령기신업보입)

三世是爲第十未曾有事佛
(삼세시위제십미증유사불)

子是爲菩薩摩訶薩坐道場
(자시위보살마하살좌도량)

時十種奇特未曾有事
(시십종기특미증유사)

佛子菩薩摩訶薩坐道場
(불자보살마하살좌도량)

時觀十種義故示現降魔何
(시관십종의고시현항마하)

等爲十所謂爲濁世衆生樂
(등위십소위위탁세중생락)

降 항	者 자	魔 마	敎 교	疑 의	示 시	於 어
魔 마	咸 함	爲 위	化 화	者 자	現 현	鬪 투
爲 위	來 래	欲 욕	調 조	斷 단	降 항	戰 전
顯 현	聚 취	令 령	伏 복	彼 피	魔 마	欲 욕
示 시	觀 관	諸 제	諸 제	疑 의	爲 위	顯 현
菩 보	心 심	天 천	魔 마	故 고	諸 제	菩 보
薩 살	調 조	世 세	軍 군	示 시	天 천	薩 살
所 소	伏 복	人 인	故 고	現 현	世 세	威 위
有 유	故 고	樂 락	示 시	降 항	人 인	德 덕
威 위	示 시	軍 군	現 현	魔 마	有 유	力 력
力 력	現 현	陣 진	降 항	爲 위	懷 회	故 고

사경의 공덕은 십만억 부처님께 공양한 것과 같은 공덕이 있습니다.

世無能敵故示現降魔爲欲
세무능적고시현항마위욕

發起一切衆生勇猛力故示
발기일체중생용맹력고시

現降魔爲哀愍末世諸衆生
현항마위애민말세제중생

故示現降魔爲欲顯示乃至
고시현항마위욕현시내지

道場猶有魔軍而來觸惱此
도장유유마군이래촉뇌차

後乃得超魔境界故示現降
후내득초마경계고시현항

魔爲顯煩惱業用羸劣大慈
마위현번뇌업용리열대자

善根勢力强盛故示現降魔 (선근세력강성고시현항마)

爲欲隨順濁惡世界所行法 (위욕수순탁악세계소행법)

故示現降魔是爲十 (고시현항마시위십)

佛子菩薩摩訶薩有十種 (불자보살마하살유십종)

成如來力何等爲十所謂超 (성여래력하등위십소위초)

過一切衆魔煩惱業故成如 (과일체중마번뇌업고성여)

來力具足一切菩薩行遊戲 (래력구족일체보살행유희)

一切菩薩三昧門故成如來
일체보살삼매문고성여래

力具足一切菩薩廣大禪定
력구족일체보살광대선정

故成如來力圓滿一切白淨
고성여래력원만일체백정

助道法故成如來力得一切
조도법고성여래력득일체

法智慧光明善思惟分別故
법지혜광명선사유분별고

成如來力其身周徧一切世
성여래력기신주변일체세

界故成如來力所出言音悉
계고성여래력소출언음실

非 비	三 삼	世 세	業 업	如 여	力 력	與 여
處 처	昧 매	法 법	等 등	來 래	能 능	一 일
智 지	具 구	故 고	無 무	力 력	以 이	切 체
力 력	如 여	成 성	有 유	與 여	神 신	衆 중
乃 내	來 래	如 여	異 이	三 삼	力 력	生 생
至 지	十 십	來 래	於 어	世 세	加 가	心 심
漏 루	力 력	力 력	一 일	諸 제	持 지	等 등
盡 진	所 소	得 득	念 념	佛 불	一 일	故 고
智 지	謂 위	善 선	中 중	身 신	切 체	成 성
力 력	是 시	覺 각	了 요	語 어	故 고	如 여
故 고	處 처	智 지	三 삼	意 의	成 성	來 래

成如來力是爲十若諸菩薩
具此十力則名如來應正等
覺
佛子如來應正等覺轉大
法輪有十種事何等爲十一
者具足淸淨四無畏二者
出生四辯隨順音聲三者善

사경의 공덕은 십만억 부처님께 공양한 것과 같은 공덕이 있습니다.

能(능) 開(개) 闡(천) 四(사) 眞(진) 諦(체) 相(상) 四(사) 者(자) 隨(수) 順(순)

諸(제) 佛(불) 無(무) 礙(애) 解(해) 脫(탈) 五(오) 者(자) 能(능) 令(령) 衆(중)

生(생) 心(심) 皆(개) 淨(정) 信(신) 六(육) 者(자) 所(소) 有(유) 言(언) 說(설)

皆(개) 不(부) 唐(당) 捐(연) 能(능) 拔(발) 衆(중) 生(생) 諸(제) 苦(고) 毒(독)

箭(전) 七(칠) 者(자) 大(대) 悲(비) 願(원) 力(력) 之(지) 所(소) 加(가) 持(지)

八(팔) 者(자) 隨(수) 出(출) 音(음) 聲(성) 普(보) 徧(변) 十(십) 方(방) 一(일)

切(체) 世(세) 界(계) 九(구) 者(자) 於(어) 阿(아) 僧(승) 祇(기) 劫(겁) 說(설)

法(법)不(부)斷(단)十(십)者(자)隨(수)所(소)說(설)法(법)皆(개)能(능)

生(생)起(기)根(근)力(력)覺(각)道(도)禪(선)定(정)解(해)脫(탈)三(삼)

昧(매)等(등)法(법)佛(불)子(자)諸(제)佛(불)如(여)來(래)轉(전)於(어)

法(법)輪(륜)有(유)如(여)是(시)等(등)無(무)量(량)種(종)事(사)

佛(불)子(자)如(여)來(래)應(응)正(정)等(등)覺(각)轉(전)法(법)

輪(륜)時(시)以(이)十(십)事(사)故(고)於(어)衆(중)生(생)心(심)中(중)

種(종)白(백)淨(정)法(법)無(무)空(공)過(과)者(자)何(하)等(등)爲(위)

十(십)所(소)謂(위)過(과)去(거)願(원)力(력)故(고)大(대)悲(비)所(소)

持(지)故(고)不(불)捨(사)衆(중)生(생)故(고)智(지)慧(혜)自(자)在(재)

隨(수)其(기)所(소)樂(락)爲(위)說(설)法(법)故(고)必(필)應(응)其(기)

時(시)未(미)曾(증)失(실)故(고)隨(수)其(기)所(소)宜(의)無(무)妄(망)

說(설)故(고)知(지)三(삼)世(세)智(지)善(선)了(요)知(지)故(고)其(기)

身(신)最(최)勝(승)無(무)與(여)等(등)故(고)言(언)辭(사)自(자)在(재)

無(무)能(능)測(측)故(고)智(지)慧(혜)自(자)在(재)隨(수)所(소)發(발)

言(언)悉(실)開(개)悟(오)故(고)是(시)爲(위)十(십)佛(불)子(자)如(여)
來(래)應(응)正(정)等(등)覺(각)作(작)佛(불)事(사)已(이)觀(관)十(십)
種(종)義(의)故(고)示(시)般(반)涅(열)槃(반)何(하)等(등)爲(위)十(십)
所(소)謂(위)示(시)一(일)切(체)行(행)實(실)無(무)常(상)故(고)示(시)
一(일)切(체)有(유)爲(위)非(비)安(안)隱(은)故(고)示(시)大(대)涅(열)
槃(반)是(시)安(안)隱(은)處(처)無(무)怖(포)畏(외)故(고)以(이)諸(제)
人(인)天(천)樂(락)著(착)色(색)身(신)爲(위)現(현)色(색)身(신)是(시)

사경의 공덕은 십만억 부처님께 공양한 것과 같은 공덕이 있습니다.

有 유	壞 괴	故 고	一 일	有 유	示 시	無 무
聚 취	故 고	示 시	切 체	爲 위	無 무	常 상
集 집	示 시	涅 열	三 삼	不 불	常 상	法 법
散 산	一 일	槃 반	有 유	隨 수	力 력	令 령
壞 괴	切 체	性 성	皆 개	心 심	不 불	其 기
相 상	法 법	究 구	如 여	住 주	可 가	願 원
故 고	無 무	竟 경	幻 환	不 부	轉 전	住 주
佛 불	生 생	堅 견	化 화	自 자	故 고	淨 정
子 자	無 무	牢 로	不 불	在 재	示 시	法 법
諸 제	起 기	不 불	堅 견	故 고	一 일	身 신
佛 불	而 이	可 가	牢 로	示 시	切 체	故 고

世(세) 尊(존) 作(작) 佛(불) 事(사) 已(이) 所(소) 願(원) 滿(만) 已(이) 轉(전)
法(법) 輪(륜) 已(이) 應(응) 化(화) 度(도) 者(자) 皆(개) 化(화) 度(도) 已(이)
有(유) 諸(제) 菩(보) 薩(살) 應(응) 受(수) 尊(존) 號(호) 成(성) 記(기) 莂(별)
已(이) 法(법) 應(응) 如(여) 是(시) 入(입) 於(어) 不(불) 變(변) 大(대) 般(반)
涅(열) 槃(반) 佛(불) 子(자) 是(시) 爲(위) 如(여) 來(래) 應(응) 正(정) 等(등)
覺(각) 觀(관) 十(십) 義(의) 故(고) 示(시) 般(반) 涅(열) 槃(반)
佛(불) 子(자) 此(차) 法(법) 門(문) 名(명) 菩(보) 薩(살) 廣(광) 大(대)

提 리	得 득	此 차	得 득	喜 희	能 능	淸 청
何 하	疾 질	法 법	相 상	令 령	令 령	淨 정
以 이	成 성	聞 문	續 속	一 일	智 지	行 행
故 고	阿 아	已 이	佛 불	切 체	者 자	無 무
以 이	耨 녹	信 신	子 자	菩 보	了 요	量 량
如 여	多 다	解 해	若 약	薩 살	無 무	諸 제
說 설	羅 라	解 해	有 유	大 대	量 량	佛 불
修 수	三 삼	已 이	衆 중	願 원	義 의	所 소
行 행	藐 먁	修 수	生 생	大 대	皆 개	共 공
故 고	三 삼	行 행	得 득	行 행	生 생	宣 선
佛 불	菩 보	必 필	聞 문	皆 개	歡 환	說 설

子(자)若(약)諸(제)菩(보)薩(살)不(불)如(여)說(설)行(행)當(당)知(지)
是(시)人(인)於(어)佛(불)菩(보)提(리)則(즉)爲(위)永(영)離(리)是(시)
故(고)菩(보)薩(살)應(응)如(여)說(설)行(행)佛(불)子(자)此(차)一(일)
切(체)菩(보)薩(살)功(공)德(덕)行(행)處(처)決(결)定(정)義(의)華(화)
普(보)入(입)一(일)切(체)法(법)普(보)生(생)一(일)切(체)智(지)超(초)
諸(제)世(세)間(간)離(이)二(이)乘(승)道(도)不(불)與(여)一(일)切(체)
諸(제)衆(중)生(생)共(공)悉(실)能(능)照(조)了(요)一(일)切(체)法(법)

是 시	時 시	耨 뇩	若 약	誦 송	間 간	門 문
故 고	佛 불	多 다	能 능	持 지	法 법	增 증
十 시	神 신	羅 라	如 여	應 응	門 문	長 장
方 방	力 력	三 삼	是 시	思 사	品 품	衆 중
無 무	故 고	藐 먁	當 당	惟 유	應 응	生 생
量 량	及 급	三 삼	知 지	應 응	尊 존	出 출
無 무	此 차	菩 보	是 시	願 원	重 중	生 생
邊 변	法 법	提 리	人 인	樂 락	應 응	善 선
阿 아	門 문	說 설	疾 질	應 응	聽 청	根 근
僧 승	法 법	此 차	得 득	修 수	受 수	離 이
祇 기	如 여	品 품	阿 아	行 행	應 응	世 세

世界皆大震動大光普照爾
세계개대진동대광보조이

時十方諸佛皆現普賢菩薩
시시방제불개현보현보살

前讚言善哉善哉佛子乃能
전찬언선재선재불자내능

說此諸菩薩摩訶薩功德行
설차제보살마하살공덕행

處決定義華普入一切佛法
처결정의화보입일체불법

出世間法門品
출세간법문품

佛子汝已善學此法善說
불자여이선학차법선설

爾 이	菩 보	心 심	如 여	佛 불	等 등	此 차
時 시	薩 살	護 호	是 시	隨 수	諸 제	法 법
普 보	衆 중	持 지	佛 불	喜 희	佛 불	汝 여
賢 현	未 미	此 차	子 자	於 어	悉 실	以 이
菩 보	曾 증	經 경	我 아	汝 여	皆 개	威 위
薩 살	聞 문	令 령	等 등	一 일	隨 수	力 력
摩 마	者 자	現 현	諸 제	切 체	喜 희	護 호
訶 하	皆 개	在 재	佛 불	諸 제	如 여	持 지
薩 살	當 당	未 미	悉 실	佛 불	我 아	此 차
承 승	得 득	來 래	共 공	悉 실	等 등	法 법
佛 불	聞 문	諸 제	同 동	亦 역	諸 제	我 아

神力觀察十方一切大衆洎
于法界而說頌言
於無量劫修苦行
從無量佛正法生
令無量衆住菩提
彼無等行聽我說
供無量佛而捨著

사경의 공덕은 십만억 부처님께 공양한 것과 같은 공덕이 있습니다.

廣度衆生不作想 (광도중생부작상)
求佛功德心無依 (구불공덕심무의)
彼勝妙行我今說 (피승묘행아금설)
離三界魔煩惱業 (이삼계마번뇌업)
具聖功德最勝行 (구성공덕최승행)
滅諸疑惑心寂然 (멸제의혹심적연)
我今說彼所行道 (아금설피소행도)

永離世間諸誑幻 (영리세간제광환)
種種變化示衆生 (종종변화시중생)
心生住滅現衆事 (심생주멸현중사)
說彼所能令衆喜 (설피소능령중희)
見諸衆生生老死 (견제중생생노사)
煩惱憂橫所纏迫 (번뇌우횡소전박)
欲令解脫教發心 (욕령해탈교발심)

彼功德行應聽受
피공덕행응청수

施戒忍進禪智慧
시계인진선지혜

方便慈悲喜捨等
방편자비희사등

百千萬劫常修行
백천만겁상수행

彼人功德仁應聽
피인공덕인응청

千萬億劫求菩提
천만억겁구보리

所有身命皆無吝
소유신명개무린

願益群生不爲己
원익군생불위기

彼慈愍行我今說
피자민행아금설

無量億劫演其德
무량억겁연기덕

如海一滴未爲少
여해일적미위소

功德無比不可喩
공덕무비불가유

以佛威神今略說
이불위신금략설

其心不高下
기심불고하

求道無厭倦
구도무염권

普使諸衆生
보사제중생

智慧普饒益
지혜보요익

亦如於大地
역여어대지

菩薩如蓮華
보살여연화

智慧爲衆蘂
지혜위중예

佛放法光明
불방법광명

不着有爲水
불착유위수

住善增淨法
주선증정법

如樹如河泉
여수여하천

一切所依處
일체소의처

慈根安隱莖
자근안은경

戒品爲香潔
계품위향결

令彼得皆敷
령피득개부

見者皆欣樂
견자개흔락

菩薩妙法樹 보살묘법수
信種慈悲根 신종자비근
方便爲枝幹 방편위지간
定葉神通華 정엽신통화
最上力爲蔦 최상력위조
菩薩師子王 보살사자왕
四諦爲其足 사제위기족

生於直心地 생어직심지
智慧以爲身 지혜이위신
五度爲繁密 오도위번밀
一切智爲果 일체지위과
垂陰覆三界 수음부삼계
白淨法爲身 백정법위신
正念以爲頸 정념이위경

사경의 공덕은 십만억 부처님께 공양한 것과 같은 공덕이 있습니다.

慈眼智慧首
자안지혜수

勝義空谷中
승의공곡중

菩薩爲商主
보살위상주

在生死曠野
재생사광야

魔賊之所攝
마적지소섭

示其正直路
시기정직로

菩薩見衆生
보살견중생

頂髻解脫繒
정계해탈증

吼法怖衆魔
후법포중마

普見諸群生
보견제군생

煩惱險惡處
번뇌험악처

癡盲失正道
치맹실정도

令入無畏城
령입무외성

三毒煩惱病
삼독번뇌병

廣 광	一 일	令 령	菩 보	八 팔	爲 위	種 종
施 시	切 체	遠 원	薩 살	萬 만	發 발	種 종
衆 중	諸 제	惡 악	爲 위	四 사	大 대	諸 제
聖 성	佛 불	修 수	法 법	千 천	悲 비	苦 고
財 재	所 소	善 선	王 왕	種 종	心 심	惱 뇌
菩 보	灌 관	專 전	正 정	滅 멸	廣 광	長 장
提 리	頂 정	求 구	道 도	除 제	說 설	夜 야
分 분	受 수	佛 불	化 화	衆 중	對 대	所 소
珍 진	尊 존	功 공	衆 중	苦 고	治 치	煎 전
寶 보	記 기	德 덕	生 생	患 환	門 문	迫 박

菩薩轉法輪 (보살전법륜)
戒轂三昧輞 (계곡삼매망)
旣破煩惱賊 (기파번뇌적)
一切諸外道 (일체제외도)
菩薩智慧海 (보살지혜해)
正法味盈洽 (정법미영흡)
大心無邊岸 (대심무변안)

如佛之所轉 (여불지소전)
智莊慧爲劍 (지장혜위검)
亦殄衆魔怨 (역진중마원)
見之無不散 (견지무불산)
深廣無礙際 (심광무애제)
覺分寶充滿 (각분보충만)
一切智爲潮 (일체지위조)

衆生莫能測 (중생막능측)
菩薩須彌山 (보살수미산)
神通三昧峯 (신통삼매봉)
若有親近者 (약유친근자)
逈絶衆境界 (형절중경계)
菩薩如金剛 (보살여금강)
信心及苦行 (신심급고행)

說之不可盡 (설지불가진)
超出於世間 (초출어세간)
大心安不動 (대심안부동)
同其智慧色 (동기지혜색)
一切無不覩 (일체무불도)
志求一切智 (지구일체지)
堅固不可動 (견고불가동)

其心無所畏 (기심무소외)
衆魔與煩惱 (중마여번뇌)
菩薩大慈悲 (보살대자비)
三明發電光 (삼명발전광)
普以四辯才 (보이사변재)
潤洽於一切 (윤흡어일체)
菩薩正法城 (보살정법성)

饒益諸群生 (요익제군생)
一切悉摧滅 (일체실최멸)
譬如重密雲 (비여중밀운)
神足震雷音 (신족진뇌음)
雨八功德水 (우팔공덕수)
令除煩惱熱 (령제번뇌열)
般若以爲牆 (반야이위장)

사경의 공덕은 십만억 부처님께 공양한 것과 같은 공덕이 있습니다.

方 방	菩 보	三 삼	復 복	四 사	廣 광	慚 참
便 편	薩 살	有 유	建 건	諦 체	開 개	愧 괴
勇 용	迦 가	諸 제	大 대	坦 탄	解 해	爲 위
猛 맹	樓 루	魔 마	法 법	王 왕	脫 탈	深 심
翅 시	羅 라	衆 중	幢 당	道 도	門 문	塹 참
慈 자	如 여	一 일	周 주	六 육	正 정	智 지
悲 비	意 의	切 체	迴 회	通 통	念 념	慧 혜
明 명	爲 위	無 무	徧 변	集 집	恒 항	爲 위
淨 정	堅 견	能 능	其 기	兵 병	防 방	却 각
眼 안	足 족	入 입	下 하	仗 장	守 수	敵 적

사경의 공덕은 십만억 부처님께 공양한 것과 같은 공덕이 있습니다.

住一切智樹 (주일체지수)
搏撮天人龍 (박촬천인용)
菩薩正法日 (보살정법일)
戒品圓滿輪 (계품원만륜)
照以智慧光 (조이지혜광)
滅除煩惱闇 (멸제번뇌암)
菩薩智光月 (보살지광월)

觀三有大海 (관삼유대해)
安置涅槃岸 (안치열반안)
出現於世間 (출현어세간)
神足速疾行 (신족속질행)
長諸根力藥 (장제근력약)
消竭愛欲海 (소갈애욕해)
法界以爲輪 (법계이위륜)

遊於畢竟空 (유어필경공)
三界識心內 (삼계식심내)
二乘星宿中 (이승성숙중)
菩薩大法王 (보살대법왕)
相好皆具足 (상호개구족)
方便清淨目 (방편청정목)
於法得自在 (어법득자재)

世間無不見 (세간무불견)
隨時有增減 (수시유증감)
一切無儔匹 (일체무주필)
功德莊嚴身 (공덕장엄신)
人天悉瞻仰 (인천실첨앙)
智慧金剛杵 (지혜금강저)
以道化群生 (이도화군생)

菩薩大梵王 보살대범왕
業惑悉皆斷 업혹실개단
處處示現身 처처시현신
於彼三界中 어피삼계중
菩薩自在天 보살자재천
境界常淸淨 경계상청정
絶彼下乘道 절피하승도

自在超三有 자재초삼유
慈捨靡不具 자사미불구
開悟以法音 개오이법음
拔諸邪見根 발제사견근
超過生死地 초과생사지
智慧無退轉 지혜무퇴전
受諸灌頂法 수제관정법

功(공)德(덕)智(지)慧(혜)具(구)
菩(보)薩(살)智(지)慧(혜)心(심)
無(무)性(성)無(무)依(의)處(처)
有(유)大(대)自(자)在(재)力(력)
自(자)具(구)清(청)淨(정)行(행)
菩(보)薩(살)方(방)便(편)地(지)
菩(보)薩(살)慈(자)悲(비)水(수)

名(명)稱(칭)靡(미)不(불)聞(문)
清(청)淨(정)如(여)虛(허)空(공)
一(일)切(체)不(불)可(가)得(득)
能(능)成(성)世(세)間(간)事(사)
令(령)眾(중)生(생)亦(역)然(연)
饒(요)益(익)諸(제)眾(중)生(생)
澣(한)滌(척)諸(제)煩(번)惱(뇌)

菩 보	菩 보	菩 보	菩 보	菩 보	菩 보	菩 보
薩 살	薩 살	薩 살	薩 살	薩 살	薩 살	薩 살
德 덕	如 여	如 여	如 여	如 여	無 무	智 지
如 여	摩 마	瓔 영	金 금	珍 진	住 주	慧 혜
華 화	尼 니	珞 락	剛 강	寶 보	風 풍	火 화
常 상	增 증	莊 장	能 능	能 능	遊 유	燒 소
發 발	長 장	嚴 엄	摧 최	濟 제	行 행	諸 제
菩 보	一 일	三 삼	顚 전	貧 빈	三 삼	惑 혹
提 리	切 체	有 유	倒 도	窮 궁	有 유	習 습
分 분	行 행	身 신	見 견	厄 액	空 공	薪 신

菩薩願如鬘 보살원여만
菩薩淨戒香 보살정계향
菩薩智塗香 보살지도향
菩薩力如帳 보살력여장
菩薩智如幢 보살지여당
妙行爲繒綵 묘행위증채
慚愧作衣服 참괴작의복

恒繫衆生首 항계중생수
堅持無缺犯 견지무결범
普薰於三界 보훈어삼계
能遮煩惱塵 능차번뇌진
能摧我慢敵 능최아만적
莊嚴於智慧 장엄어지혜
普覆諸群生 보복제군생

菩 보	菩 보	菩 보	菩 보	菩 보	菩 보	菩 보
薩 살	薩 살	薩 살	薩 살	薩 살	薩 살	薩 살
轉 전	大 대	優 우	說 설	神 신	大 대	無 무
法 법	勇 용	曇 담	法 법	足 족	力 력	礙 애
輪 륜	將 장	華 화	龍 용	馬 마	象 상	乘 승

如 여	衆 중	世 세	普 보	騰 등	其 기	巾 건
佛 불	魔 마	間 간	雨 우	步 보	心 심	之 지
之 지	悉 실	離 이	衆 중	超 초	善 선	出 출
所 소	降 항	値 치	生 생	諸 제	調 조	三 삼
轉 전	伏 복	遇 우	心 심	有 유	伏 복	界 계

菩薩燈破闇 (보살등파암)
菩薩功德河 (보살공덕하)
菩薩精進橋 (보살정진교)
大智與弘誓 (대지여홍서)
引接諸衆生 (인접제중생)
菩薩遊戲園 (보살유희원)
菩薩解脫華 (보살해탈화)

衆生見正道 (중생견정도)
恒順正道流 (항순정도류)
廣度諸群品 (광도제군품)
共作堅牢船 (공작견로선)
安置菩提岸 (안치보리안)
眞實樂衆生 (진실락중생)
莊嚴智宮殿 (장엄지궁전)

菩薩如妙藥 (보살여묘약)
菩薩如雪山 (보살여설산)
菩薩等於佛 (보살등어불)
佛心豈有他 (불심기유타)
如佛之所來 (여불지소래)
亦如一切智 (역여일체지)
菩薩善開導 (보살선개도)

滅除煩惱病 (멸제번뇌병)
出生智慧藥 (출생지혜약)
覺悟諸群生 (각오제군생)
正覺覺世間 (정각각세간)
菩薩如是來 (보살여시래)
以智入普門 (이지입보문)
一切諸群生 (일체제군생)

菩薩自然覺 보살자연각
菩薩無量力 보살무량력
菩薩無畏智 보살무외지
一切諸世間 일체제세간
音聲及名字 음성급명자
雖離於名色 수이어명색
一切諸衆生 일체제중생

一切智境界 일체지경계
世間莫能壞 세간막능괴
知衆生及法 지중생급법
色相各差別 색상각차별
悉能分別知 실능분별지
而現種種相 이현종종상
莫能測其道 막능측기도

現 현	而 이	雖 수	我 아	如 여	了 요	如 여
神 신	以 이	知 지	今 금	是 시	性 성	是 시
通 통	悲 비	諸 제	當 당	一 일	皆 개	等 등
變 변	願 원	法 법	演 연	切 체	無 무	功 공
化 화	心 심	相 상	說 설	智 지	性 성	德 덕
種 종	及 급	如 여	令 령	無 무	有 유	菩 보
種 종	佛 불	幻 환	衆 중	盡 진	無 무	薩 살
無 무	威 위	悉 실	生 생	無 무	無 무	悉 실
量 량	神 신	空 공	歡 환	所 소	所 소	成 성
事 사	力 력	寂 적	喜 희	依 의	着 착	就 취

如是諸功德 (여시제공덕)
一身能示現 (일신능시현)
無心無境界 (무심무경계)
一音中具演 (일음중구연)
衆生於言法 (중생어언법)
永離煩惱身 (영리번뇌신)
知法不可說 (지법불가설)

汝等應聽受 (여등응청수)
無量差別身 (무량차별신)
普應一切衆 (보응일체중)
一切諸言音 (일체제언음)
隨類皆能作 (수류개능작)
而現自在身 (이현자재신)
而作種種說 (이작종종설)

其心常寂滅 (기심상적멸)
而普莊嚴剎 (이보장엄찰)
於身無所着 (어신무소착)
一切世間中 (일체세간중)
雖生一切處 (수생일체처)
知身如虛空 (지신여허공)
菩薩身無邊 (보살신무변)

清淨如虛空 (청정여허공)
示現一切衆 (시현일체중)
而能示現身 (이능시현신)
隨應而受生 (수응이수생)
亦不住受生 (역부주수생)
種種隨心現 (종종수심현)
普現一切處 (보현일체처)

常恭敬供養
상공경공양

香華衆妓樂
향화중기락

恒以深淨心
항이심정심

不離一佛會
불리일불회

於彼大衆中
어피대중중

聞法入三昧
문법입삼매

起定亦復然
기정역부연

最勝兩足尊
최승양족존

幢幡及寶蓋
당번급보개

供養於諸佛
공양어제불

普在諸佛所
보재제불소

問難聽受法
문난청수법

一一無量門
일일무량문

示現無窮盡
시현무궁진

사경의 공덕은 십만억 부처님께 공양한 것과 같은 공덕이 있습니다.

智慧巧方便 (지혜교방편)
而能現世間 (이능현세간)
示現種種色 (시현종종색)
入諸想網中 (입제상망중)
或現初發心 (혹현초발심)
或現久修行 (혹현구수행)
施戒忍精進 (시계인정진)

了世皆如幻 (요세개여환)
無邊諸幻法 (무변제환법)
亦現心及語 (역현심급어)
而恒無所着 (이항무소착)
利益於世間 (이익어세간)
廣大無邊際 (광대무변제)
禪定及智慧 (선정급지혜)

四梵四攝等 (사범사섭등)
或現行成滿 (혹현행성만)
或現一生繫 (혹현일생계)
或現聲聞相 (혹현성문상)
處處般涅槃 (처처반열반)
或現爲帝釋 (혹현위제석)
或天女圍繞 (혹천녀위요)

一切最勝法 (일체최승법)
得忍無分別 (득인무분별)
諸佛與灌頂 (제불여관정)
或復現緣覺 (혹부현연각)
不捨菩提行 (불사보리행)
或現爲梵王 (혹현위범왕)
或時獨宴默 (혹시독연묵)

或現爲比丘 (혹현위비구)
或現自在王 (혹현자재왕)
或現巧術女 (혹현교술녀)
或現受五欲 (혹현수오욕)
或現初始生 (혹현초시생)
若有思議者 (약유사의자)
或現在天宮 (혹현재천궁)

寂靜調其心 (적정조기심)
統理世間法 (통리세간법)
或現修善行 (혹현수선행)
或現入諸禪 (혹현입제선)
或少或老死 (혹소혹노사)
心疑發狂亂 (심의발광란)
或現始降神 (혹현시강신)

或 혹	或 혹	或 혹	或 혹	或 혹	或 혹	或 혹
修 수	現 현	現 현	坐 좌	在 재	生 생	入 입
不 불	爲 위	轉 전	菩 보	婇 채	或 혹	或 혹
退 퇴	佛 불	法 법	提 리	女 녀	涅 열	住 주
道 도	身 신	輪 륜	樹 수	中 중	槃 반	胎 태
積 적	宴 연	或 혹	自 자	或 혹	或 혹	成 성
集 집	坐 좌	現 현	然 연	離 리	現 현	佛 불
菩 보	無 무	始 시	成 성	俗 속	入 입	轉 전
提 제	量 량	求 구	正 정	修 수	學 학	法 법
具 구	刹 찰	道 도	覺 각	禪 선	堂 당	輪 륜

사경의 공덕은 십만억 부처님께 공양한 것과 같은 공덕이 있습니다.

深入無數劫 (심입무수겁)
無量劫一念 (무량겁일념)
一切劫非劫 (일체겁비겁)
無來無積集 (무래무적집)
於一微塵中 (어일미진중)
十方一切處 (십방일체처)
國土衆生法 (국토중생법)

皆悉到彼岸 (개실도피안)
一念無量劫 (일념무량겁)
爲世示現劫 (위세시현겁)
成就諸劫事 (성취제겁사)
普見一切佛 (보견일체불)
無處而不有 (무처이불유)
次第悉皆見 (차제실개견)

亦 역	悉 실	隨 수	如 여	彼 피	菩 보	經 경
知 지	知 지	其 기	知 지	一 일	薩 살	無 무
根 근	衆 중	所 소	一 일	衆 중	知 지	量 량
轉 전	生 생	通 통	無 무	生 생	衆 중	劫 겁
移 이	根 근	達 달	量 량	身 신	生 생	數 수
應 응	上 상	敎 교	一 일	無 무	廣 광	究 구
化 화	中 중	諸 제	切 체	量 량	大 대	竟 경
不 불	下 하	未 미	悉 실	因 인	無 무	不 불
應 응	不 부	學 학	亦 역	緣 연	有 유	可 가
化 화	同 동	者 자	然 연	起 기	邊 변	盡 진

雜 잡	旣 기	了 요	亦 역	又 우	微 미	一 일
染 염	知 지	達 달	知 지	知 지	細 세	根 근
淸 청	其 기	一 일	去 거	其 기	各 각	一 일
淨 정	行 행	切 체	來 래	欲 욕	差 차	切 체
行 행	已 이	行 행	今 금	解 해	別 별	根 근

種 종	爲 위	無 무	所 소	一 일	次 차	展 전
種 종	說 설	來 래	有 유	切 체	第 제	轉 전
悉 실	無 무	亦 역	諸 제	煩 번	無 무	因 인
了 요	上 상	無 무	心 심	惱 뇌	錯 착	緣 연
知 지	法 법	去 거	行 행	習 습	亂 란	力 력

사경의 공덕은 십만억 부처님께 공양한 것과 같은 공덕이 있습니다.

一念得菩提 (일념득보리)
住佛不思議 (주불부사의)
一念悉能知 (일념실능지)
菩薩神通智 (보살신통지)
能於一念中 (능어일념중)
如是速疾王 (여시속질왕)
無處而不周 (무처이부주)

成就一切智 (성취일체지)
究竟智慧心 (구경지혜심)
一切衆生行 (일체중생행)
功力已自在 (공력이자재)
往詣無邊刹 (왕예무변찰)
盡於無數劫 (진어무수겁)
莫動毫端分 (막동호단분)

譬如工幻師 示現種種色
비여공환사 시현종종색

於彼幻中求 無色無非色
어피환중구 무색무비색

菩薩亦如是 以方便智幻
보살역여시 이방편지환

種種皆示現 充滿於世間
종종개시현 충만어세간

譬如淨日月 皎鏡在虛空
비여정일월 교경재허공

影現於衆水 不爲水所雜
영현어중수 불위수소잡

菩薩淨法輪 當知亦如是
보살정법륜 당지역여시

現(현)世(세)間(간)心(심)水(수)
如(여)人(인)睡(수)夢(몽)中(중)
雖(수)經(경)億(억)千(천)歲(세)
菩(보)薩(살)住(주)法(법)性(성)
無(무)量(량)劫(겁)可(가)極(극)
譬(비)如(여)山(산)谷(곡)中(중)
種(종)種(종)皆(개)響(향)應(응)

不(불)爲(위)世(세)所(소)雜(잡)
造(조)作(작)種(종)種(종)事(사)
一(일)夜(야)未(미)終(종)盡(진)
示(시)現(현)一(일)切(체)事(사)
一(일)念(념)智(지)無(무)盡(진)
及(급)以(이)宮(궁)殿(전)間(간)
而(이)實(실)無(무)分(분)別(별)

菩薩住法性 (보살주법성)
廣出隨類音 (광출수류음)
如有見陽焰 (여유견양염)
馳逐不得飮 (치축부득음)
衆生煩惱心 (중생번뇌심)
菩薩起慈愍 (보살기자민)
觀色如聚沫 (관색여취말)

能以自在智 (능이자재지)
亦復無分別 (역부무분별)
想之以爲水 (상지이위수)
展轉更增渴 (전전갱증갈)
應知亦如是 (응지역여시)
救之令出離 (구지령출리)
受如水上泡 (수여수상포)

사경의 공덕은 십만억 부처님께 공양한 것과 같은 공덕이 있습니다.

想(상)如(여)熱(열)時(시)焰(염)
心(심)識(식)猶(유)如(여)幻(환)
如(여)是(시)知(지)諸(제)蘊(온)
諸(제)處(처)悉(실)空(공)寂(적)
諸(제)界(계)性(성)永(영)離(리)
菩(보)薩(살)住(주)眞(진)實(실)
種(종)種(종)廣(광)宣(선)暢(창)

諸(제)行(행)如(여)芭(파)蕉(초)
示(시)現(현)種(종)種(종)事(사)
智(지)者(자)無(무)所(소)着(착)
如(여)機(기)關(관)動(동)轉(전)
妄(망)現(현)於(어)世(세)間(간)
寂(적)滅(멸)第(제)一(일)義(의)
而(이)心(심)無(무)所(소)依(의)

無來亦無去 무래역무거
煩惱業苦因 번뇌업고인
緣起非有無 연기비유무
如是入中道 여시입중도
能於一念中 능어일념중
欲色無色界 욕색무색계
隨順三律儀 수순삼율의

亦復無有住 역부무유주
三種恒流轉 삼종항유전
非實亦非虛 비실역비허
說之無所着 설지무소착
普現三世心 보현삼세심
一切種種事 일체종종사
演說三解脫 연설삼해탈

建立三乘道
건립삼승도

了達處非處
요달처비처

界解與禪定
계해여선정

宿命念天眼
숙명념천안

知佛十種力
지불십종력

了達諸法空
요달제법공

不與煩惱合
불여번뇌합

成就一切智
성취일체지

諸業及諸根
제업급제근

一切至處道
일체지처도

滅除一切惑
멸제일체혹

而未能成就
이미능성취

而常求妙法
이상구묘법

而亦不盡漏
이역부진루

廣知出離道 (광지출리도)
於此得無畏 (어차득무외)
無謬無違道 (무류무위도)
精進欲三昧 (정진욕삼매)
三聚皆清淨 (삼취개청정)
大慈愍衆生 (대자민중생)
由入此法門 (유입차법문)

而以度衆生 (이이도중생)
不捨修諸行 (불사수제행)
亦復失正念 (역부실정념)
觀慧無損減 (관혜무손감)
三世悉明達 (삼세실명달)
一切無障礙 (일체무장애)
得成如是行 (득성여시행)

我說其少分 아설기소분
窮於無數劫 궁어무수겁
我今說少分 아금설소분
依於佛智住 의어불지주
修行最勝行 수행최승행
精勤自安隱 정근자안은
安住淨戒中 안주정계중

功德莊嚴義 공덕장엄의
說彼行無盡 설피행무진
如大地一塵 여대지일진
起於奇特想 기어기특상
具足大慈悲 구족대자비
敎化諸含識 교화제함식
具諸授記行 구제수기행

能入佛功德 (능입불공덕)
劫世悉亦知 (겁세실역지)
差別智總持 (차별지총지)
思惟說無比 (사유설무비)
發於普賢心 (발어보현심)
慈悲因緣力 (자비인연력)
修行波羅蜜 (수행바라밀)

衆生行及刹 (중생행급찰)
無有彼厭想 (무유피염상)
通達眞實義 (통달진실의)
寂靜等正覺 (적정등정각)
及修其行願 (급수기행원)
趣道意清淨 (취도의청정)
究竟隨覺智 (구경수각지)

深 심	住 주	出 출	遠 원	能 능	成 성	證 증
入 입	持 지	生 생	離 리	持 지	就 취	知 지
及 급	一 일	於 어	於 어	具 구	平 평	力 력
依 의	切 체	智 지	諸 제	妙 묘	等 등	自 자
止 지	劫 겁	慧 혜	着 착	辯 변	智 지	在 재
無 무	智 지	變 변	演 연	遮 체	演 연	成 성
畏 외	者 자	化 화	說 설	得 득	說 설	無 무
無 무	大 대	得 득	心 심	法 법	最 최	上 상
疑 의	欣 흔	菩 보	平 평	王 왕	勝 승	菩 보
惑 혹	慰 위	提 리	等 등	處 처	法 법	提 리

사경의 공덕은 십만억 부처님께 공양한 것과 같은 공덕이 있습니다.

了達不思議 (요달부사의)
善入諸三昧 (선입제삼매)
究竟諸解脫 (구경제해탈)
纏縛悉永離 (전박실영리)
白法爲宮殿 (백법위궁전)
現無量莊嚴 (현무량장엄)
深心善觀察 (심심선관찰)

巧密善分別 (교밀선분별)
普見智境界 (보견지경계)
遊戲諸通明 (유희제통명)
園林恣遊處 (원림자유처)
諸行可欣樂 (제행가흔락)
於世心無動 (어세심무동)
妙辯能開演 (묘변능개연)

清淨菩提印 (청정보리인)
所住無等比 (소주무등비)
立志如大山 (입지여대산)
如寶安住法 (여보안주법)
發起於大事 (발기어대사)
得授菩提記 (득수보리기)
秘藏無窮盡 (비장무궁진)

智光照一切 (지광조일체)
其心不下劣 (기심불하열)
種德若深海 (종덕약심해)
彼甲誓願心 (피갑서원심)
究竟無能壞 (구경무능괴)
安住廣大心 (안주광대심)
覺悟一切法 (각오일체법)

世智皆自在 (세지개자재)
衆生一切刹 (중생일체찰)
身願與境界 (신원여경계)
示現於世間 (시현어세간)
遊戲及境界 (유희급경계)
力無畏不共 (력무외불공)
諸身及身業 (제신급신업)

妙用無障礙 (묘용무장애)
及以種種法 (급이종종법)
智慧神通等 (지혜신통등)
無量百千億 (무량백천억)
自在無能制 (자재무능제)
一切業莊嚴 (일체업장엄)
語及淨修語 (어급정수어)

巧 교	捨 사	種 종	深 심	諸 제	菩 보	以 이
修 수	彼 피	種 종	心 심	根 근	薩 살	得 득
使 사	煩 번	決 결	增 증	無 무	心 심	守 수
圓 원	惱 뇌	定 정	勝 승	散 산	發 발	護 호
滿 만	習 습	解 해	心 심	動 동	心 심	故 고

逮 체	取 취	普 보	遠 원	獲 획	及 급	成 성
成 성	茲 자	入 입	離 리	得 득	以 이	辨 판
一 일	最 최	於 어	於 어	最 최	心 심	十 십
切 체	勝 승	世 세	諂 첨	勝 승	周 주	種 종
智 지	道 도	間 간	誑 광	根 근	徧 변	事 사

離退入正位 (이퇴입정위)
出生佛法道 (출생불법도)
道及無量道 (도급무량도)
次第善安住 (차제선안주)
手足及腹藏 (수족급복장)
被以慈哀甲 (피이자애갑)
智首明達眼 (지수명달안)

決定證寂滅 (결정증적멸)
成就功德號 (성취공덕호)
乃至莊嚴道 (내지장엄도)
悉皆無所着 (실개무소착)
金剛以爲心 (금강이위심)
具足衆器仗 (구족중기장)
菩提行爲耳 (보리행위이)

離 이	徧 변	所 소	道 도	最 최	辯 변	淸 청
貪 탐	觀 관	行 행	場 량	勝 승	才 재	淨 정
行 행	衆 중	及 급	師 사	智 지	以 이	戒 계
淨 정	生 생	觀 관	子 자	爲 위	爲 위	爲 위
施 시	行 행	察 찰	座 좌	心 심	舌 설	鼻 비

捨 사	奮 분	普 보	梵 범	行 행	無 무	滅 멸
慢 만	迅 신	照 조	臥 와	住 주	處 처	闇 암
持 지	及 급	如 여	空 공	修 수	不 부	無 무
淨 정	哮 효	來 래	爲 위	諸 제	至 지	障 장
戒 계	吼 후	境 경	住 주	業 업	身 신	礙 애

사경의 공덕은 십만억 부처님께 공양한 것과 같은 공덕이 있습니다.

不瞋常忍辱(불진상인욕)
禪定得自在(선정득자재)
慈濟悲無倦(자제비무권)
於諸境界中(어제경계중)
福德悉成滿(복덕실성만)
普照樂多聞(보조락다문)
知魔及魔道(지마급마도)

不懈恒精進(불해항정진)
智慧無所行(지혜무소행)
喜法捨煩惱(희법사번뇌)
知義亦知法(지의역지법)
智慧如利劍(지혜여이검)
明了趣向法(명료취향법)
誓願咸捨離(서원함사리)

示 시	現 현	示 시	現 현	爲 위	離 이	見 견
修 수	生 생	現 현	住 주	佛 불	慢 만	佛 불
衆 중	及 급	住 주	兜 도	所 소	修 수	與 여
技 기	微 미	母 모	率 솔	攝 섭	智 지	佛 불
術 술	笑 소	胎 태	天 천	持 지	慧 혜	業 업

亦 역	亦 역	亦 역	又 우	亦 역	不 불	發 발
示 시	現 현	現 현	現 현	爲 위	爲 위	心 심
處 처	行 행	微 미	彼 피	法 법	魔 마	皆 개
深 심	七 칠	細 세	命 명	所 소	力 력	攝 섭
宮 궁	步 보	趣 취	終 종	持 지	持 지	取 취

사경의 공덕은 십만억 부처님께 공양한 것과 같은 공덕이 있습니다.

出家修苦行 (출가수고행)
端坐放光明 (단좌방광명)
降魔成正覺 (항마성정각)
所現悉已終 (소현실이종)
彼諸菩薩行 (피제보살행)
廣大無有邊 (광대무유변)
雖令無量衆 (수령무량중)

往詣於道場 (왕예어도량)
覺悟諸群生 (각오제군생)
轉無上法輪 (전무상법륜)
入於大涅槃 (입어대열반)
無量劫修習 (무량겁수습)
我今說少分 (아금설소분)
安住佛功德 (안주불공덕)

衆生及法中 (중생급법중)
具足如是行 (구족여시행)
毛端置衆刹 (모단치중찰)
掌持無量刹 (장지무량찰)
還來置本處 (환래치본처)
菩薩以一切 (보살이일체)
置於一毛孔 (치어일모공)

畢竟無所取 (필경무소취)
遊戲諸神通 (유희제신통)
經於億千劫 (경어억천겁)
徧往身無倦 (변왕신무권)
衆生不知覺 (중생부지각)
種種莊嚴刹 (종종장엄찰)
眞實悉令見 (진실실령견)

復以一毛孔 (부이일모공)
大海無增減 (대해무증감)
無量鐵圍山 (무량철위산)
一塵下一刹 (일진하일찰)
以此諸塵刹 (이차제진찰)
如是塵可知 (여시진가지)
於一毛孔中 (어일모공중)

普納一切海 (보납일체해)
衆生不嬈害 (중생불요해)
手執碎爲塵 (수집쇄위진)
盡此諸塵數 (진차제진수)
復更抹爲塵 (부갱말위진)
菩薩智難量 (보살지난량)
放無量光明 (방무량광명)

日(일)月(월)星(성)宿(숙)光(광)
及(급)以(이)諸(제)天(천)光(광)
滅(멸)諸(제)惡(악)道(도)苦(고)
一(일)切(체)諸(제)世(세)間(간)
菩(보)薩(살)以(이)一(일)音(음)
決(결)定(정)分(분)別(별)說(설)
普(보)使(사)諸(제)群(군)生(생)

摩(마)尼(니)珠(주)火(화)光(광)
一(일)切(체)皆(개)映(영)蔽(폐)
爲(위)說(설)無(무)上(상)法(법)
種(종)種(종)差(차)別(별)音(음)
一(일)切(체)皆(개)能(능)演(연)
一(일)切(체)諸(제)佛(불)法(법)
聞(문)之(지)大(대)歡(환)喜(희)

過去一切劫 과거일체겁
未來現在劫 미래현재겁
示現無量刹 시현무량찰
一切諸世間 일체제세간
去來及現在 거래급현재
靡不於身中 미불어신중
深知變化法 심지변화법

安置未來今 안치미래금
逈置過去世 형치과거세
燒然及成住 소연급성주
悉在一毛孔 실재일모공
一切十方佛 일체십방불
分明而顯現 분명이현현
善應衆生心 선응중생심

示現種種身 (시현종종신)
或現於六趣 (혹현어육취)
釋梵護世身 (석범호세신)
聲聞緣覺身 (성문연각신)
或現菩薩身 (혹현보살신)
善入輭中上 (선입연중상)
示現成菩提 (시현성보리)

而皆無所着 (이개무소착)
一切衆生身 (일체중생신)
諸天人衆身 (제천인중신)
諸佛如來身 (제불여래신)
修行一切智 (수행일체지)
衆生諸想網 (중생제상망)
及以諸佛刹 (급이제불찰)

了知諸想網 요지제상망
示修菩薩行 시수보살행
示現如是等 시현여시등
如是諸境界 여시제경계
雖現無所現 수현무소현
隨順衆生心 수순중생심
身語及與心 신어급여심

於想得自在 어상득자재
一切方便事 일체방편사
廣大諸神變 광대제신변
擧世莫能知 거세막능지
究竟轉增上 구경전증상
令得眞實道 령득진실도
平等如虛空 평등여허공

淨(정)戒(계)爲(위)塗(도)香(향)
法(법)繒(증)嚴(엄)淨(정)髻(계)
功(공)德(덕)靡(미)不(불)周(주)
波(바)羅(라)蜜(밀)爲(위)輪(륜)
神(신)足(족)而(이)爲(위)馬(마)
妙(묘)行(행)爲(위)婇(채)女(녀)
方(방)便(편)爲(위)主(주)兵(병)

衆(중)行(행)爲(위)衣(의)服(복)
一(일)切(체)智(지)摩(마)尼(니)
灌(관)頂(정)昇(승)王(왕)位(위)
諸(제)通(통)以(이)爲(위)象(상)
智(지)慧(혜)爲(위)明(명)珠(주)
四(사)攝(섭)主(주)藏(장)臣(신)
菩(보)薩(살)轉(전)輪(륜)王(왕)

空 공	淨 정	總 총	忍 인	高 고	慈 자	三 삼
爲 위	智 지	持 지	力 력	帳 장	甲 갑	昧 매
澄 징	爲 위	爲 위	不 부	神 신	智 지	爲 위
淨 정	涌 용	平 평	動 동	力 력	慧 혜	城 성
池 지	泉 천	地 지	搖 요	蓋 개	劍 검	郭 곽
覺 각	妙 묘	衆 중	直 직	迥 형	念 념	空 공
分 분	慧 혜	行 행	破 파	建 건	弓 궁	寂 적
菡 함	作 작	爲 위	魔 마	智 지	明 명	爲 위
萏 담	樹 수	河 하	王 왕	慧 혜	利 리	宮 궁
華 화	林 림	水 수	軍 군	幢 당	箭 전	殿 전

神(신)力(력)者(자)莊(장)嚴(엄)
思(사)惟(유)爲(위)婇(채)女(녀)
解(해)脫(탈)味(미)爲(위)漿(장)
此(차)諸(제)菩(보)薩(살)行(행)
無(무)量(량)劫(겁)修(수)行(행)
供(공)養(양)一(일)切(체)佛(불)
普(보)令(령)一(일)切(체)衆(중)

三(삼)昧(매)常(상)娛(오)樂(락)
甘(감)露(로)爲(위)美(미)食(식)
遊(유)戲(희)於(어)三(삼)乘(승)
微(미)妙(묘)轉(전)增(증)上(상)
其(기)心(심)不(불)厭(염)足(족)
嚴(엄)淨(정)一(일)切(체)刹(찰)
安(안)住(주)一(일)切(체)智(지)

欲 욕	欲 욕	欲 욕	佛 불	一 일	一 일	一 일
令 령	使 사	具 구	子 자	切 체	切 체	切 체
身 신	諸 제	此 차	諸 제	衆 중	虛 허	刹 찰
語 어	衆 중	功 공	功 공	生 생	空 공	微 미
意 의	生 생	德 덕	德 덕	心 심	界 계	塵 진

悉 실	離 이	及 급	說 설	念 념	一 일	悉 실
與 여	苦 고	諸 제	之 지	念 념	沙 사	可 가
諸 제	常 상	上 상	不 불	可 가	可 가	知 지
佛 불	安 안	妙 묘	可 가	數 수	度 도	其 기
等 등	樂 락	法 법	盡 진	知 지	量 량	數 수

應응 發발 金금 剛강 心심

學학 此차 功공 德덕 行행

사경의 공덕은 십만억 부처님께 공양한 것과 같은 공덕이 있습니다.

發 願 文

귀의 삼보하옵고
거룩하신 부처님께 발원하옵나이다.

주　소 : ______________________________

전　화 : ______________ 불명 : ______ 성명 : ______

불기 25 ______ 년 ______ 월 ______ 일